Ronda, la anaconda

ANDREA OLATUNJI

Ronda, la anaconda.
Colección Nuestra Fauna

Escrito e ilustrado por Andrea Olatunji
Publicado por Cuentacuento (Una división de Align Education, LLC)
www.cuentacuento.com
New Orleans, LA

Copyright ©2024 Andrea Olatunji. Todos los derechos reservados.
Primera edición

Gracias por adquirir una versión autorizada de este libro. Esta publicación no puede ser reproducida, ni total ni parcialmente, ni registrada en, o transmitida por un sistema de recuperación de información, en ninguna forma, ni por ningún medio, sea mecánico, fotoquímico, electrónico, magnético, electroóptico, por fotocopia o cualquier otro medio conocido o por conocer, sin el permiso previo de la autora.

Registrado en la Biblioteca del Congreso. Library of Congress Control Number: 2024904416.
Library of Congress Registration Number: TXu 2-417-714

Edición en español (Esta edición) - Spanish Edition. ISBN: 978-1-7336440-5-1
Edición bilingüe - Bilingual Edition. ISBN: 978-1-7336440-4-4

Para más información, recursos, o para coordinar un evento visite www.cuentacuento.com

Para mi familia.

Por todas las comidas, sobremesas,
e historias compartidas.

A.O.

Ronda la anaconda es una gran serpiente.
Su tamaño es increíble. Su apetito ¡sorprendente!

Ella vive en la selva donde todo es abundante,
pero su forma de comer, no es muy elegante.

Un día la invitó a almorzar su gran amigo Dormilón.*
Apenas le abrió la puerta, comenzó la diversión.
Ronda comenzó a comer todo lo que encontraba,
y Dormilón, sorprendido, sin palabras la miraba.

* También llamado perezoso.

Ronda tenía tanta hambre que le daba mucha risa.
Y al cruzar por el jardín, se comió...

¡toda una pizza!

Entró a la cocina mirando hacia ambos lados.
Y al abrir la heladera,* se comió...

* También llamada nevera.

¡cinco helados!

Los asientos de la sala se veían muy chiquitos.*
Se sentó en el suelo y se comió...

* También dícese pequeño.

¡diez pastelitos!

—¡En la cama no se come! —rezongó Dormilón—.

El cuarto* no es para eso.

Pero Ronda no hizo caso y se comió...

* También llamado dormitorio, habitación, recámara o alcoba.

¡quince hamburguesas con queso!

Su estómago comenzó a gruñir, y le daban cosquillitas.
Pero aún tenía hambre y se comió...

¡veinte papas fritas!

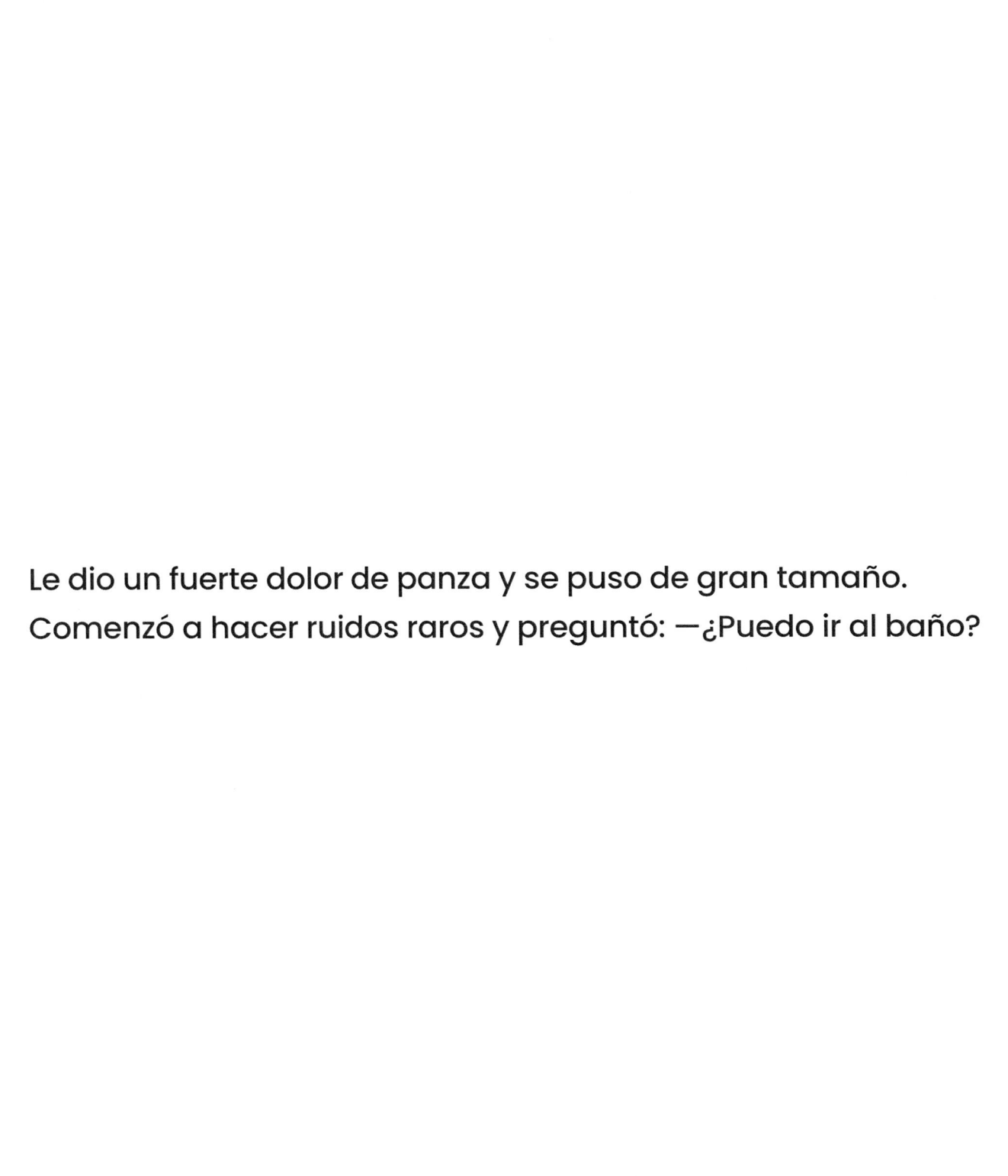

Le dio un fuerte dolor de panza y se puso de gran tamaño. Comenzó a hacer ruidos raros y preguntó: —¿Puedo ir al baño?

El almuerzo fue un desastre. ¿Quién lo hubiese imaginado? Ronda comer y comer, y Dormilón, ni un bocado.

—¡Ronda, te comiste todo! —se quejó su amigo—. Eso no es muy amable. Para sentirte mejor, debes comer saludable—.

¡Lo siento! —dijo Ronda—. ¡Es que ya no sé qué hacer! No quiero estar enferma. Dime, ¿qué puedo comer?

—¿Qué tal unas manzanas, unas bananas, o unas frutillas*?
Si le agregas vegetales, ¡te va a ir de maravillas!

* También llamadas fresas.

Y así fue como Ronda aprendió a elegir bien sus alimentos. Comer bien es importante para estar sanos y contentos.

Nota sobre la anaconda

Ronda es una anaconda verde. La anaconda es un reptil semiacuático que vive en los pantanos y ríos tropicales de Sudamérica. Es una gran nadadora y puede vivir hasta diez años.

Cuando consideramos su largo y su peso, la anaconda verde es la serpiente más grande del mundo, midiendo hasta nueve metros de largo y pesando hasta 227 kg.

Esta serpiente no es venenosa sino constrictora, lo que quiere decir que aprieta a sus víctimas hasta que estas ya no pueden respirar. ¡Ay, qué dolor!

Adaptado de: National Geographic Kids

Andrea López Olatunji

Es mi misión, como educadora y latina, el inspirar a los niños a leer y a descubrir la hermosa y diversa cultura hispana. Me gusta realizar mis ilustraciones a mano y desafiar el ojo de mis pequeños lectores.

Apelo a su curiosidad natural y atención a los detalles para atraparlos en este mundo de la fauna latinoamericana y de la literatura. Aquellos que están alfabetizándose o aprendiendo el español como segunda lengua, van a encontrar en el vocabulario metódicamente seleccionado, así como en la rima de esta historia, una divertida manera de aprender.

Si te gustó este cuento, déjamelo saber a través de una reseña.

Si quieres conocer más sobre mis libros o sobre mí, o para invitarme a tu escuela visita www.cuentacuento.com